NOTICE HISTORIQUE

Sur les Barons & la Baronnie

DU

BEC

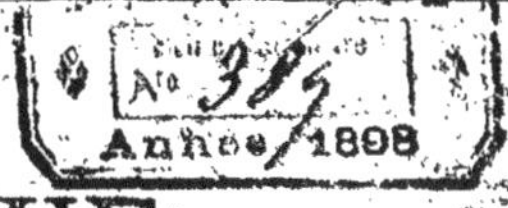

Dit Bec-Vauquelin, Bec-de-Mortemer

et

BEC-CRESPIN

(Arrondissement du Havre)

Par A. Lechevalier

INSTITUTEUR

PARIS

Librairie ERNEST DUMONT

32, Rue de Grenelle

— 1898 —

NOTICE HISTORIQUE

Sur les Barons & la Baronnie

DU

Dit Bec-Vauquelin, Bec-de-Mortemer

et

BEC-CRESPIN

(Arrondissement du Havre)

Par A. Lechevalier

INSTITUTEUR

PARIS

Librairie ERNEST DUMONT

32, Rue de Grenelle

— 1898 —

NOTICE HISTORIQUE

Sur les Barons et la Baronnie
du Bec, dit Bec-Vauquelin, Bec-de-Mortemer
& Bec-Crespin

———

Plusieurs notices ont été publiées sur la baronnie du Bec. La description du château et du site admirable qui l'encadre en constitue le fonds ordinaire ; les poètes n'ont eu qu'une voix pour chanter les élégantes tourelles se mirant au bord du lac limpide et la « Lézarde en son vallon vert. » Cependant, c'est faire une intéressante promenade à travers notre histoire nationale que de retracer les hauts faits des illustres barons du Bec et nous toucherons au passé d'une foule de paroisses et de familles nobles de la Haute-Normandie en dénombrant les arrière-fiefs relevant de la baronnie.

Le nom de Bec a été importé par les bandes germaniques avec le sens du ruisseau, petite rivière. Plusieurs localités de notre région, toutes pourvues d'un cours d'eau, portent ce nom, seul ou accompagné d'un surnom. La seigneurie qui nous occupe est dans ce dernier cas ; successivement possédée par les Vauquelin, les Mortemer et les Crespin, elle s'appela successivement Bec-Vauquelin, Bec-de-Mortemer et Bec-Crespin ou Bec-Crespin dit Mortemer.

———

I. — LES BARONS DU BEC

Avant de parler de ces trois familles, mentionnons un Normand fameux, dont on a fait, à tort, croyons-nous, un seigneur du Bec-Crespin : Toutain du Bec, dit Toutain le Blanc, porte-étendard de Guillaume-le-Conquérant à la bataille d'Hastings. Au début de de l'action, le duc appela ce jeune guerrier,

> Tostein fils Rou li Blanc out non...
> Ke mult aveit oï preisier,

dit Robert Wace, et lui remit la bannière vermeille à la croix

blanche envoyée par le pape. Les historiens sont unanimes à confirmer ce fait : l'étendard bénit par le pape, dit Augustin Thierry, était
porté... par un jeune homme appelé Toustain le Blanc. Toute
la journée, il suivit le duc pas à pas,

> Et quand li dus tournout, tournout,
> Et quand arestout, arestout.

Un instant, les Normands fléchissent. Toutain s'avance alors au
milieu des ennemis, arrache la bannière d'Harold et plante la sienne
à la place. Ce coup hardi décide de la victoire.

Qui était-ce que ce Toutain ? Beaucoup l'ont confondu et iden-
tifié avec Guillaume Crespin Ier. Or, ce sont bien là deux personnages
distincts. Wace désigne séparément Toutain le Blanc et

> William ke l'en dist Crespin.

Ce dernier,

> Ki grant terre out en Velquessin,

est encore appelé Guillaume Crespin de *Veulquésin* par la *Chronique manuscrite de Normandie,* qui signale sa présence à la
bataille de Mortemer ; il ne paraît avoir été lié d'aucune façon avec
notre héros. Quant à Toutain lui-même, Wace et Ordéric Vital le
disent fils du duc Raoul, d'autres, fils d'un bâtard du duc Raoul.
Reste encore à savoir s'il était du Bec, près de Montivilliers, ou du
Bec-aux-Cauchois, près de Valmont.

Le *Roman de Rou* incline pour le Bec-aux-Cauchois, en disant
que Toutain

> Al Bec en Caux aveit maison...
> Del Bec joste Fécamp fu nez...

C'est cette version que nous adopterons après A. Le Prévost (1)
et l'abbé Cochet (2), non sans faire remarquer que l'auteur des
Chroniques de Normandie, qui connaissait le *Roman de Rou,* puis-
qu'il le transcrit parfois à la lettre, dit positivement : « Cestuy
Toustain estoit seigneur du Bec-Crespin, pres Monstieruiller-en-
Caux. Et à ce droit en tient encore le seigneur du lieu franchement. »
De plus en plus précis, La Chesnaye-Desbois, dans son *Dictionnaire*

---

(1) ROBERT WACE. — *Roman de Rou,* édition Pluquet. Les passages dont la source
n'est pas indiquée sont tirés du fonds Romé du Bec-Crespin, aux archives de la
Seine-Inférieure.

(2) *Eglises de l'arrondissement d'Yvetot.* Art. Bec-aux-Cauchois.

de la Noblesse, affirme que Toutain reçut la terre du Bec-Crespin en 1067, au retour de l'expédition. Ce surnom de Crespin est un anachronisme évident, car le Bec ne devait pas appartenir aux Crespin avant le milieu du XIIIe siècle. Seul, le besoin de donner une origine aux privilèges considérables dont jouissaient au moyen-âge les tenants du Bec peut expliquer, mais non justifier, cette attribution du Bec à Toutain le Blanc.

Des premiers possesseurs, les Vauquelin du Bec, nous savons peu de chose. Au XIIe siècle, *Vauquelino de Becco* aumônait au prieuré de Longueville 70 acres de terre à Bretteville et à Martinbosc. Leur nom était encore attaché, vers 1250, à la paroisse de Notre-Dame-du-Bec, appelée *Sancta-Maria-de-Becco-Wauquelini* dans le pouillé d'Eude Rigaud. Mais il est certain que, dès l'année 1180, les Mortemer étaient seigneurs du Bec. Guillaume de Mortemer figure, en effet, à diverses reprises, sur les comptes de Geoffroy de Blienville, pour ses terres du Bec et de Cany, et pour 52 acres qu'il possède dans la forêt de Fécamp.

En 1184, Guillaume de Mortemer doit 40 sols pour la taille faite à Criquetot-le-*Vennesval*. En 1195, un seigneur du même nom doit 8 l. pour service d'armée, et Robert de Mortemer 18 mines d'avoine pour les terres d'*Hugonis Porci* (1). Nous trouvons Guillaume de Mortemer à Rouen en 1205, le dimanche après l'octave de la Toussaint, avec Renaud, comte de Boulogne, Guillaume Martel, Henri d'Estouteville, Guillaume de Tancarville, Robert d'Esneval : ils déclarent les droits dont jouissaient les rois anglais en Normandie vis-à-vis du clergé (2). L'état des fiefs de 1210 nous renseigne sur ses domaines qui s'étendent à *Granvillam* (Grainville ?) *Otheville* (Octeville), au *Chouquei*, au *Fontenai*, à *Osbertivillam* (Auberville). Au chapitre des fiefs du chambellan de Tancarville, Guillaume de Mortemer figure comme possédant, outre le fief du Bec (*Beccum*), celui de *Bretevillam* (Bretteville-la-Chaussée), ce dernier seul relevant de Tancarville. Il présentait, de plus, aux cures

---

(1) SOCIÉTÉ DES ANTIQUAIRES DE NORMANDIE (*Mémoires de la*). — Rôles Normands tirés de la Tour de Londres.

(2) *Ibid.* LÉOPOLD DELISLE. — *Cartulaire normand.*

de Beaurepaire, Heuqueville, Saint-Martin-du-Bec et Notre-Dame-du-Bec, paroisses incorporées à la baronnie. Bretteville formait déjà un personat et comptait 240 paroissiens, soit 1,200 habitants (1).

C'est encore un Guillaume de Mortemer que nous voyons à Bouvines, aux côtés de Philippe-Auguste avec Guillaume des Barres, Barthélemy de Roie, etc.

L'un de ses descendants, Robert, épousa la fille et héritière en partie de Jourdain du Hommet, connétable de Normandie. De cette union naquit Jeanne de Mortemer, laquelle, par son mariage avec Guillaume Crespin V, lui apporta dans sa dot toute la terre du Bec-de-Mortemer, appelée dès lors le Bec-Crespin (2). Ce fait, capital dans l'histoire de la baronnie, a été méconnu par une foule d'auteurs qui, d'après le P. Anselme (3), ont fait les Crespin seigneurs barons du Bec dès l'établissement de Rollon en Normandie.

Il est vrai que cette famille était bien issue de Rollon lui-même, dont la fille, Crespine, avait eu de Grimaldi, prince de Monaco, Ansgoth, marié à Louise, fille de Raoul, comte de Guines et de Boulogne, auteurs de Gilbert (confondu à tort avec Gilbert de Brionne), surnommé Crespin, à cause de sa chevelure crépue, et Helluin, fondateur de l'abbaye du Bec-Hellouin. Le second fils de Gilbert Crespin fut Guillaume I··, tige de la famille Crespin, le même dont Wace nous a parlé. Longtemps il défendit, ainsi que ses descendants, les châteaux de Dangu, de Neaufles et d'Etrépagny contre le roi de France ; mais, quoi qu'on ait écrit, ils restèrent fixés dans cette partie de la province jusqu'au mariage de Guillaume Crespin V avec Jeanne de Mortemer, vers 1250.

Guillaume Crespin V fut l'un des plus puissants seigneurs de l'époque. Le 11 juin 1254, il rendit aveu de ses biens, savoir : de l'héritage paternel, Neaufles, Dangu, Etrépagny, etc., du patrimoine de sa femme pour le Bec et Varengebec, et de sa dignité de connétable, vacante par la mort de son beau-père. C'est lui qui présente aux cures de Beaurepaire, de Saint-Martin, à la chapelle de Saint-

(1) Eude Rigaud. — *Polyptychum Rotomagensis diocesis* (xxii· vol. du *Recueil des Historiens de France*).

(2) Léopold Delisle. — *Cartulaire normand.*

(3) *Histoire généalogique et chronologique de la Maison de France,* VI, 632 et suiv.

Eustache et au personat de Bretteville, patronage qu'il exerce à cause de sa femme *(ratione uxoris ejus)*, « fille et héritière du seigneur de Mortemer » (1).

Il est cité en 1256 dans un accord privé qu'il passe avec les Templiers, il se qualifie de « seignor de Dangu, fils de Guillaume et neveu de Robert Crespin. » Le 24 juin 1259, son épouse fonde, au profit des religieux du Valasse, 40 sols de rente à prendre sur ses hommes du « devant dit Bec de Mortemer. » Cet acte, rédigé en français, a été publié par Barabé dans le *Tabellionage royal.* D'autres monastères furent l'objet de leur munificence : en 1263, ils cèdent aux moines de Jumièges leurs droits sur la Seine entre Yville et Jumièges, ne gardant qu'un droit de pêche et de heurtage. (2) A l'abbaye de Saint-Wandrille, ils remettent la redevance d'un palefroi de 7 l. t. qu'on leur acquittait tous les trois ans. Guillaume V couronne ces pieuses donations en partant pour Tunis avec le roi saint Louis.

Pendant son absence mourut Jeanne de Mortemer. De retour en France, il prétendit conserver le titre de connétable qu'il tenait d'elle, mais n'ayant pu prouver que ce titre était attaché à la terre de Varengebec, il perdit sa cause (3). Déjà, en 1268, un arrêt du Parlement de Paris avait condamné ses vassaux à payer à l'abbaye de Montivilliers le droit de hallage sur les blés qu'ils venaient vendre à la halle de cette ville (4). Un autre arrêt de la même cour maintint les hommes de Bretteville dans l'obligation d'acquitter les coutumes dues à l'abbaye de Fécamp parce qu'ils relevaient du chambellan de Tancarville et payaient ces droits depuis quarante ans et plus, à la connaissance de tous (5).

Guillaume Crespin V est encore cité en 1283 avec le titre de maréchal de France. Il dut mourir peu de temps après, laissant Guillaume Crespin VI et Jean, auteur de la branche de Dangu.

Guillaume VI jouit longtemps des faveurs de Philippe-le-Bel ;

---

(1) EUDES RIGAUD. — *Pouillé.*
(2) DE BEAUREPAIRE. — *La Vicomté de l'Eau de Rouen.*
(3) CHARPILLON. — *Dictionnaire historique des communes du département de l'Eure.*
(4) DUMONT et MARTIN. — *Histoire de Montivilliers.*
(5) LÉOPOLD DELISLE. — *Cartulaire normand.*

il prit part, suivant le P. Anselme, à la bataille de Courtray ; le 8 septembre 1302, il donne une quittance, où il est qualifié de banneret, pour deux chevaliers et vingt-trois écuyers, à cause de son service en Flandre.

Est-ce l'appui de ce prince qui le conduisit à braver l'autorité ecclésiastique ? Ayant fait saisir, au travers de Saint-Clair-sur-Epte, le cheval et divers effets de Grimer d'Arcelles, chanoine de Rouen, il fut excommunié ; cité le 4 août 1309 devant Raoul Armand, notaire apostolique de Rouen, il s'abstient de comparaître. En vain, le doyen de Paris, délégué par le pape, enjoint-il aux prêtres, chapelains et curés du diocèse de l'inviter à se présenter devant lui le jeudi après *Lœtare* 1309 ; il faut un second mandement pour que Guillaume s'exécute, et la sentence d'absolution lui est signifiée le samedi avant la Saint-Simon et Saint-Jude 1310 (G 3611).

Son neveu, Guillaume Crespin VII, fils de Jean, recueillit son héritage ; il eut deux filles : Jeanne, dame de Varengebec et d'Etrépagny, qui porta ces terres à Jean II de Melun, sire de Tancarville, et Marie, dame du Bec-Crespin, épouse de Jean III de Chalon, comte d'Auxerre et de Tonnerre, grand bouteiller de France. Cette dernière alliance fit sortir momentanément le Bec-Crespin des mains de la famille du même nom.

En suivant Jean de Chalon, nous assisterons aux principaux faits d'armes des règnes de Jean-le-Bon et de Charles V. En 1356, le comte d'Auxerre figure à Poitiers, dans la « quarte bataille menée par le roy de France. » Ses fils sont au premier rang parmi les compagnons de Du Guesclin, à Cocherel : « Lors se parti monseigneur Bertran de Clacquin pour aler combatre le dit captal, avec lui le conte d'Aucerre et son frère, *fils de madame du Bec crespin en caux*... et des normans grant foison... »

La même année, nous retrouvons le comte d'Auxerre à Auray, dans les troupes de Charles de Blois : « En premier front, continue la *Chronique des Valois*, du costé au duc, fut le comte d'Aucerre, avec lui des chevaliers de Normandie et des escuiers, car *normant estoit de par sa mère*... » Venaient ensuite Du Guesclin et le reste des troupes. La journée, on le sait, ne fut pas heureuse. « Monseigneur le conte d'Aucerre qui se combatoit vassaument, oult là l'œil crevé. Car il estoit chut à terre ; et n'eust été ung sien escuier, il eust esté mort qui crioit : « Aucerre! » et lors fut-il prins.» Le même incident est ainsi rapporté par le trouvère Cuvelier, dans sa *Chronique* en vers de Du Guesclin : (1)

> Un escuier y vint, qui le conte lança
> D'un espoit de Bordiaux, qui moult chier li cousta :
> Tout parmi la visière le bon conte asséna,
> Parmi le senestre oeul, tout parmi li bouta ;
> Tellement le féri que l'ueil il lui creva.
> Li quens à tout ce cop retourner s'en cuida ;
> Mais .i. Engloiz y vint, qui le conte frapa,
> Et li sans li couroit si fort qu'il avugla.
> Un chevalier li dist, qui bien le ravisa :
> « Ay ! conte d'Auçoire, pour Dieu qui tout créa !
> Ne vous laissiez occirre, rendre vous convendra. »
> Lors li contes d'Auçoire s'espée li bailla ;... *(Vers 0016-0027)*

Rendu à la liberté, il offre ses services à Henri de Transtamare qu'il assiste notamment au siège de Tolède.

Le 6 janvier 1376, d'après les archives de la Chambre des Comptes, en vertu d'un contrat passé devant les notaires du Châtelet de Paris et confirmé par Charles V, les « chasteau et chastellenie, villes, terres, appartenances et dépendances du Bec de Mortemer en Caux » passent des mains de Louis de Chalon en celles de Guillaume des Bordes, chevalier et chambellan du roi, guerrier non moins valeureux que ses prédécesseurs.

Les *Mandements* de Charles V nous le montrent, en 1364, « en l'ost devant La Charité » où il a plusieurs chevaux tués sous lui ; en 1369, puis en 1373 où il est capitaine du château de « Monstereul en fault d'Yonne »; il prend part au siège de Césarbourg en 1372 (2), tombe dans une escarmouche le 4 juillet 1379 et est interné à la tour de Londres (3) ; il meurt à Nicopolis en 1396.

A plusieurs reprises, la famille Crespin tenta de le déposséder de la baronnie du Bec ; un arrêt de 1386 le maintint dans sa propriété

---

(1) I, p. 223 (Collection des Documents inédits sur l'Histoire de France).

(2) SIMÉON LUCE. — *Chronique des quatre premiers Valois* (Société de l'Hist. de France).

(3) Ibid. · *Chroniques de Froissart*. Notes, p. LXVIII.

« sans avoir esgard à la clameur lignage faite par Guillaume Crespin, chevalier. » (B 188). Son fils Jean lui succède : un titre de M. le colonel Rolin, de l'an 1400, cite Jean des Bordes, chevalier, seigneur du Bec de Mortemer, alors en procès avec Pierre Martel, écuyer, au sujet d'héritages sis à Beauropaire. En 1410, il rend aveu au roi pour le fief de Faiaulx, sis à Saint-Martin et N.-D.-du-Bec ; mais en 1413, un titre analogue cite Jean Crespin comme baron du Bec. Le nom des Bordes est resté attaché à deux hameaux relevant autrefois du Bec et situés l'un à Octeville, l'autre à Veauville et Verbose.

Comme la plupart des seigneuries de la région, la baronnie du Bec fut confisquée par Henri V, au profit du fameux John Falstolf qui reçut, en outre, les héritages d'Orcher, d'Angerville et de Gausseville, moyennant 2,000 écus par an, l'hommage, la redevance d'un chapeau de violettes le premier mai, au château de Rouen, et le service de cinq hommes d'armes et de dix arbalétriers à cheval durant la guerre (1).

L'acte de confiscation, en ajoutant que ces terres avaient appartenu à Guillaume Crespin et à Jacqueline d'Orcher son épouse, semble confirmer ce passage du P. Anselme d'après lequel Guillaume Crespin VII aurait réussi à retirer le Bec « des mains de ceux auxquels le comte d'Auxerre l'avoit vendu. » Mais il est certain que Jean Crespin, possesseur du Bec en 1413, l'était encore à sa mort en 1453, soit comme acquéreur de Jean des Bordes, soit comme héritier de Guillaume Crespin et de Jacqueline d'Orcher, ses père et mère.

Jean Crespin n'eut pas d'enfants de Marguerite d'Amboise ; ses biens passèrent à son frère, Antoine, successivement évêque de Paris, de Laon, puis archevêque de Narbonne en même temps qu'abbé de Jumièges. Doué de grandes qualités, Antoine du Bec-Crespin les déshonora par une avarice insatiable (2). Voulant étendre sa suzeraineté sur les fiefs de Beuzemouchel (Bernières), et du Quesnay (à Brettoville), il plaida contre Jeanne de Belengues, et fut débouté de ses prétentions par l'Echiquier de Pâques 1454 (B 188). La même année, d'ailleurs, par contrat passé à Rouen le 2 juin,

---

(1) *Mémoires de la Société des Antiquaires de Normandie.*

(2) Abbé J. Loth. — *Histoire de l'Abbaye royale de Jumièges.*

il vendit à son beau-frère, Pierre de Brezé, la « terre sieurie du Bec-Crespin, d'Angerville, Auricher, Mauny, Plasne, Ferrières, Grumesnil, et généralement toute la succession de Jean Crespin, son frère, » s'obligeant à lui servir 9,000 l. pour loyal prêt et autres dettes et douaires, et 2,000 écus d'or pour les douaires de Jeanne d'Aunou, veuve de Jacques d'Orcher, son oncle, de Marguerite d'Amboise, veuve de Jean Crespin, et de Jacqueline Crespin, sa sœur, mariée à Robert de Floques. (1)

Pierre de Brezé tomba au début de la bataille de Montléry, tué peut-être de la main de ses propres hommes d'armes, sur l'ordre de Louis XI. C'est pour se venger, dit Thomas Basin, que sa veuve, Jeanne du Bec-Crespin, fit passer le château de Rouen, dont elle avait la garde, au parti des princes. On connaît les infortunes conjugales de leur fils Jacques, marié à Charlotte, fille de Charles VII et de la belle Agnès Sorel.

Louis de Brezé, fils de Jacques, reçut de Louis XI la baronnie du Bec, confisquée par ce dernier. De son mariage avec Diane de Poitiers (2), Louis de Brezé eut deux filles, Louise et Françoise, qui possédèrent indivisément la baronnie du Bec. Françoise, dame d'honneur de la reine, épousa Robert IV de la Marche ou de la Marck, qui se dit de ce fait baron du Bec-Crespin. Une pièce du chartrier du Bec, datée de 1552, le qualifie de « chevalier de l'Ordre, maréchal de France, comte de la Marche et de Turenne, seigneur suzerain de Sedan, Florenge, Mésencourt et Chastillon, comte de Maulévrier, seigneur de Nogent-le-Roi, Château-Thierry, Chastillon-sur-Marne, capitaine de cent suisses de la garde du corps du roi et de cent hommes d'armes. » Son père, dit l'*Adventureux*, a laissé un nom dans les lettres françaises par les *Mémoires* qu'il composa en 1525 dans la forteresse de l'Ecluse où il était prisonnier ; Français par le patriotisme et le courage, il le fut aussi, dit M. Petit de

---

(1) Bibl. de Rouen, ms. Y 40 Mart.

(2) Par acte passé à Mauny le 21 août 1544 devant deux tabellions de Rouen, Diane de Poitiers, veuve de Louis de Brezé, donna les dîmes du personat de Bretteville au chapitre de Rouen pour la fondation de deux obits solennels à l'intention de feu son mari. Une bulle obtenue en 1545, et relatant ce fait, se trouvait, en 1549, au chartrier du Bec.

Julleville (1), par le tour aisé de sa phrase, la rapidité pittoresque de son récit, la p obité de son témoignage. Il avait épousé la nièce de Georges d'Amboise.

Son fils se montra digne de lui. Maréchal en 1547, il contribua au siège de Metz en 1552, fut pris à Hesdin en 1553, et mourut en Flandre, laissant Henri-Robert de la Marck, dont la fille devait s'allier à l'illustre Turenne.

En 1562, Robert de la Marck vendit la baronnie du Bec à Claude de Lorraine, duc d'Aumale, pair et grand veneur de France; celui-ci fut tué d'un coup de canon au siège de La Rochelle, le 14 mars 1573 (2). Charles de Lorraine, qui lui succéda, prit une part active aux affaires de la Ligue. Le 8 août 1578, Henri III lui fit don et remise de tous les droits de rachat, reliefs, aides, etc., dus pour la baronnie.

En 1579, il vendit le Bec-Crespin à Nicolas Romé, de Fresquiennes, dont les descendants restèrent titulaires de la baronnie jusqu'à la Révolution.

Un membre de cette famille, échevin de Rouen, exerça pendant plus de vingt ans, et jusqu'à sa mort (1574), l'office de secrétaire au Parlement. Sa veuve et ses enfants furent anoblis trois ans plus tard; ils blasonnaient : *d'azur, au chevron d'or accompagné de deux étoiles et une belette en pointe passant d'argent.* On voit encore ces armoiries, très bien conservées, à l'intérieur de l'église de Nôtre-Dame-du-Bec.

Nicolas Romé, sieur de Fresquiennes, conseiller du roi et maître des requêtes de son hôtel, eut pour fils et héritier Nicolas, qui devint comme lui conseiller au Parlement. Vers la fin de sa vie, il fut l'un des chefs les plus actifs de la Fronde rouennaise, non moins ridicule et passionnée que la Fronde parisienne. Il prit parti pour le duc de Longueville contre les agents royaux et lui servit d'intermédiaire avec les anciens du Parlement; il mourut le 28 août 1658 et fut inhumé à Fresquiennes. Son fils, dit de Bretteville, plein d'ardeur pour la même cause, enrôlait par la ville, prodiguait les

<hr>

(1) *Histoire de la Langue et de la Littérature française,* t. III, p. 533.
(2) ANSELME, VIII, p. 732.

promesses pour gagner des partisans, achetait des armes qu'il distribuait et expédiait, de sorte que sa maison, suivant M. Floquet, était devenue un véritable arsenal et le centre de toutes les intrigues. Il se met à la tête des frondeurs quand Longueville a été remplacé par le duc d'Harcourt, réunit quatre mille hommes, les passe en revue aux Bruyères-Saint-Julien, et se couvre de ridicule à la « grande occasion de La Bouille, » dite aussi guerre de Moulineaux, où d'Harcourt lui fait soixante prisonniers. De là, il va s'emparer du château de Fontaine-Martel, à Bolbec, pendant que Longueville se saisit d'Harfleur qui n'était point fortifié (1). Dans la suite, ce bouillant capitaine devint conseiller au Parlement, et mourut laissant six enfants, de Marie Asselin son épouse (2).

Son fils François, seigneur de Fresquiennes, baron du Bec-Crespin, fut conseiller aux requêtes et président au Parlement de Rouen. Il mourut le 6 mai 1707 (3), laissant J.-B.-François, Charles-Nicolas-François et Marie-Anne.

J.-B. François de Romé, commissaire au Parlement, fut investi en 1723 de la charge de président de cette assemblée. La baronnie passa successivement à son frère cadet, titulaire de la même charge, demeurant habituellement à Rouen, rue du Sacre, puis à sa sœur Marie-Anne, épouse de Louis-Albert Asselin, chevalier, seigneur de Beauville (C 1648) ; elle était veuve le 14 juillet 1740 lorsqu'elle présenta à la cure d'Ecuquetot (G 1610).

Sa succession échut à Nicolas-Louis de Romé qui épousa, en 1746, Barbe-Madeleine Lesdo de Valliquerville (G 6182) ; il déclara la consistance de sa baronnie le 25 novembre 1751 (C 1648) et mourut au château de Fresquiennes le 21 avril 1773 ; son acte mortuaire le qualifie de chevalier de Saint-Louis, ancien officier du régiment de Condé, baron et haut justicier du Bec-Crespin. La baronnie resta durant quelque temps la propriété collective de ses enfants ; l'un d'eux, Nicolas-Jean-François de Romé, conseiller au Parlement,

---

(1) FLOQUET. — *Histoire du Parlement de Normandie.*

(2) LA GALISSONNIÈRE, Bibl. de Rouen, ms. Y 65 ancien fonds. Plusieurs membres de la famille résidaient à Tocqueville-les-Murs, lors de la Recherche de la Galissonnière ; leur nom est resté au hameau du Romé.

(3) FARIN. — *Histoire de Rouen.*

présentait le 14 janvier 1776 à la cure de Beaurepaire ; il épousa l'année suivante Catherine-Adélaïde Hescamps de Caltot (G 5151). Plusieurs membres de cette famille, devenue nombreuse, étaient entrés dans les ordres : le 29 août 1781, Adrien-Louis de Romé, chevalier profès de l'ordre de Saint-Jean de Jérusalem, est nommé au personat de Bretteville ; Gille-Louis-Amable de Romé lui succède le 7 juin 1783 (G 6205-7).

Quand survint la Révolution, le Bec appartenait toujours à Jean-François Romé de Fresquiennes. Le premier peut-être en France, il fit le sacrifice volontaire de ses privilèges féodaux. Comme l'assemblée populaire de Fécamp était réunie dans l'église abbatiale, il déclara renoncer aux avantages de sa classe et demanda l'abolition de la coutume de Caux en matière d'héritage, proposition accueillie par des applaudissements unanimes (1). Cependant, il prit le chemin de l'exil et un récent article de la *Normandie* nous apprend que ses biens de Rouen furent vendus à l'encan.

Sa fille Marie-Pauline épousa Aimé-Charles-César Le Preud'homme de Fontenoy de Chatenoy. Elle était veuve le 29 août 1843 quand elle fit le partage de ses biens entre ses deux enfants : Anatole-Charles et Marie-Catherine-Adélaïde-Charlotte. Cette dernière avait épousé, en 1834, le vicomte Théodore de Croismare ; le Bec-Crespin appartient encore à l ur fils en 1898 et les titres de cette maison peuvent soutc. ir la comparaison avec ceux des nobles familles dont nous venons d'esquisser l'histoire.

---

(1) Léon FALLUE. — *Histoire de la Ville et de l'Abbaye de Fécamp.*

II. — LA BARONNIE.

Le titre de baronnie porté par la terre du Bec-Crespin nous paraît une preuve de l'importance de ce domaine et des glorieux services rendus par ses premiers possesseurs. Nous inclinons à penser qu'il fut accordé en même temps que les franchises dont jouissaient de temps immémorial, dès le xiiie siècle, les vassaux du Bec-de-Mortemer. On a vu quelle était alors l'étendue de la baronnie ; nous compléterons cette nomenclature d'après l'état des fiefs de 1503 (1) et divers aveux et informations des xviie et xviiie siècles (B 188 - C 1648-1650). Et d'abord, quelques mots du château lui-même.

Le château du Bec occupait le centre du domaine non fieffé. De la forteresse originelle, il reste les caves de l'époque romane et du style ogival primitif ; les murailles, qui n'ont pas moins d'un mètre et demi d'épaisseur, sont percées de meurtrières très bien conservées.

De ce donjon, flanqué de deux tours et adossé à l'étang formé par la source de la Lézarde, se détachait un mur d'enceinte entouré d'eaux vives et fortifié de cinq autres tours dont trois subsistent encore ; deux d'entre elles surveillaient la poterne et le pont-levis ; dans la base de la troisième, dite tour du Cachot, est pratiquée la basse-fosse que la justice seigneuriale octroyait aux vassaux récalcitrants. On a fort bien retrouvé les fondations du mur d'enceinte et des deux tours disparues ; le Bec-Crespin était donc une véritable forteresse ; sa situation au milieu d'eaux intarissables en faisait une place facile à garder, résistante à l'assaut.

L'illustration des Mortemer et des Crespin ne laisse aucun doute sur le rôle important qu'il dut jouer dans l'histoire de la province. Toutefois, les documents écrits sont rares à son égard. Il ne figure pas dans le *Tableau*, dressé par M. Siméon Luce, des lieux forts occupés par les compagnies anglo-navarraises de 1356 à 1364 (2). Fortifié en vertu de l'édit du 22 octobre 1399 comme toutes les places normandes situées à moins de six lieues des côtes, il dut subir, après la prise d'Harfleur en 1415, le sort des « menues forteresses » du

---

(1) *Registre des Fiefs et Arrière-Fiefs du Baillliage de Caux en 1503.* Ed. Beaucousin.
(2) Siméon Luce. — *Histoire de Du Guesclin et de son époque.*

pays de Caux qui furent « arses et détruites » (1). Il secoua peu après le joug des envahisseurs ; mais lors de la réduction de Rouen (13 janvier 1419), dit Monstrelet, la « plus grant partie des bonnes villes et fortresses se rendirent sans coup ferir, c'estassavoir Caudebec, Monstierviller... Fescamp, Tancarville, Abrecher, Maulévrier, Valemont, *Le Bec Crépin*... Dedens lesquelles places le roy d'Angleterre mist partout garnison. »

La rébellion de 1435 devait une nouvelle fois délivrer momentanément le Bec-Crespin (2). Dès l'année suivante, le duc d'York reprenait le pays où campaient en 1440 les troupes de Talbot. L'occupation ne prit réellement fin qu'en 1449, après que Charles VII en personne se fut emparé de la ville d'Harfleur.

Pendant les années suivantes, les barons s'appliquèrent à réparer les désastres de cette lutte séculaire. Jean Crespin, en particulier, attira les fermiers en leur accordant des remises considérables. En même temps, le château se relevait de ses ruines : les comptes de la baronnie, dont M. de Beaurepaire a publié d'importants fragments dans son *Etat des Campa;nes*, mentionnent divers paiements pour travaux effectués au château et à ses dépendances. Mais si ces travaux rendirent habitable une partie de l'ancienne forteresse, ils ne la sauvèrent pas de la révolution qui s'opérait alors dans l'art et particulièrement dans l'architecture. La beauté du site frappa les opulents barons, admirateurs enthousiastes de la Renaissance ; sur les ruines du vieux donjon, ils élevèrent comme une réduction de ces bijoux que semaient sur les rives de la Loire nos rois du xvie siècle.

Là s'arrête le rôle historique du château du Bec. Le nouvel édifice était une maison de plaisance dont les possesseurs résidèrent plus souvent à Rouen et à Paris où les appelaient fréquemment leurs fonctions. Sous leur administration, il se pare de « plusieurs avenues et ceintures de haut bois. » L'aveu de 1612 le décrit ainsi : « Le chasteau du Bec de Mortemer dit Bec-Crespin est fort ancien, basti de tours, pavillons et de plusieurs corps de maisons, colombier, *fermé de murailles*, environné de fossés pleins d'eaux vives, avec

---

(1) LE TALLEUR. — *Cronicques de Normendie.* Ed. A. Hellot.
(2) MONSTRELET. — IV 202.

pont-levis. » Tout autour se trouvaient un enclos de soixante acres de terre, une cour ceinte de murailles et la maison des fermiers. Du domaine non fieffé faisaient encore partie une ferme de cinquante-cinq acres, sise à Saint-Martin et Notre-Dame-du-Bec, deux pièces en prairies où se trouvaient les moulins de la baronnie, enfin, six-vingts acres de bois taillis situés sur les flancs du vallon d'Herme-ville (C 1648).

La Terreur transforma cette agréable résidence en maison d'arrêt ; cinquante-six prêtres y furent emprisonnés sous la garde de trente hommes armés de deux pièces de canon. La tourmente passée, le château se trouva inhabité. « Cette maison n'est à personne, donc elle est à nous, » se dirent les habitants du village. Et d'un commun accord, ils s'y installèrent à l'aise, s'attribuant qui, un salon, qui, une chambre à coucher, qui les cuisines, qui la poterne. Quand le 3 mars 1814, Charles de Chatenoy fut autorisé à venir en Normandie, on devine en quel piteux état il trouva le manoir. Quelques réparations sommaires y furent exécutées en attendant la restauration complète qui date de 1844-1849.

Le domaine du Bec nous offre un curieux exemple du morcelle-ment des fiefs tel que l'avait ordonné Rollon dans le partage de la Normandie. Dans plus de cinquante paroisses des vicomtés de Mon-tivilliers, d'Arques et de Caudebec, la baronnie avait des dépen-dances. Invulnérable dans son château fort, le seigneur rebelle était bientôt à bout de ressources dès que ses communications étaient rompues avec le reste de ses biens. Toujours il lui était impossible de défendre à la fois tous les points de son patrimoine. A peine pouvait-il organiser, en certains lieux naturellement faciles à fortifier, une résistance passagère. Ce qu'on voit du Vieux-Château de Beaurepaire ne paraît pas avoir d'autre origine ; à La Fontelaye, le baron posséda une forteresse plus importante, qui fut rasée à la révolte de Guillaume Crespin (1).

Il est certain qu'à sa création, la baronnie tout entière appar-tint en propre au baron, mais il en aliéna vite les parties excen-triques au profit de nobles de basse extraction ou de simples

______

(1) BUNEL et TOUGARD. — *Géographie de la Seine-Inférieure.* Art. La Fontelaye.

particuliers, se réservant la suzeraineté et quelques menues rentes.
Au xviiie siècle, le domaine non fieffé ne comprenait plus que le
chef-mois avec quelques dépendances à Ecuquetot, Beaurepaire et
Bretteyille. Quant au domaine fieffé, il comprenait :

A Notre-Dame-du-Bec, *la léproserie de Saint-Eustache-sur-
le-Bec*. Elle comportait domaine fieffé et non fieffé, rentes seigneu-
riales et droit de basse justice ; le manoir des lépreux et la chapelle
se trouvaient au nord d'un chemin allant de l'église d'Hermeville à
celle de Rolleville (1). Le temporel de ce prieuré se composait d'une
vavassorie roturière sise à Heuqueville et des membres de fiefs du
Hamel et de Saint-Adrien, sis à Octeville, dont le prieur recueillait
les dîmes. La possession de ces biens fut confirmée à la suite d'une
enquête faite le 14 juillet 1542 par l'administrateur Pierre de Foville,
enquête dans laquelle déposent Philippe Le Vavasseur, de Saint-
Jouin, et Jean Vasse, relégué comme lépreux de 1525 à 1540 dans
ladite maladrerie. La léproserie fut réunie le 16 mars 1669 à l'Hôtel-
Dieu du Havre.

A Bretteville, *le fief du Busc*. Il appartint d'abord à Raoul
d'Evreux qui, le 15 septembre 1111, donna cent acres de terre, dans
le lieu dit *Buscum*, à l'abbaye de Saint-Ouen de Rouen, avec cinq
acres de terre pour y bâtir une grange (V. Ducange) et les domaines
occupés par ses vassaux de Bretteville. Il appartenait encore aux
religieux le 10 novembre 1492, comme l'atteste une transaction
passée entre l'abbé et les procureurs de Louis de Brezé; mais, en
1523, il est à Jean du Hamel, écuyer, qui échange des terres sises à
Bretteville avec Nicole Restout, diacre, curé et personnager de la
paroisse; cet échange est approuvé par les trésoriers et paroissiens,
le 28 juillet suivant, jour de la dédicace de l'église (G. 8.047). Jacques
du Hamel, conseiller à la Cour des Aides, le transmit à François
Filleul, dont la nièce, Antoinette, épousa Robert Le Georgelier
(aveux rendus au baron en 1623 et 1626). De Jean d'Epernon il
échut à Robert Mahiel, écuyer, maintenu noble le 15 février 1667,
dont les descendants le possédaient encore au xviiie siècle; ils
blasonnaient : *d'argent, à trois roses de gueules*. Le chef-mois du

---

(1) Alph. MARTIN. — *Glanes historiques sur l'arrondissement du Havre.*

Busc prit avec eux le nom de Mahiel, qu'il a gardé depuis, mais les dîmes continuèrent de s'entasser dans la grange dite de Saint-Ouen. Deux chapelles furent établies à Bretteville par les Mahiel, l'une, de Saint-François de Salles, en 1721, dans l'église même (1), l'autre, bénite le 23 décembre 1776 par Baudry, curé de Criquebeuf (G 1655.)

De Bretteville étaient tenus les arrière-fiefs d'*Equetot* et de *Thiboutot*. Le premier, dit aussi *Martinbost*, comprenait 60 acres ou environ ; Guillaume des Bordes l'avait acheté 50 l. à Jean d'Esquetot, de Saint-Laurent-de-Brèvedent.

Le fief de *Notre-Dame*, au Trésor de Bretteville ; les trésoriers en rendirent aveu le 30 mars 1586.

Fumechon, quart de fief, dont Jean de Bouquetot, chevalier, seigneur du Breuil-en-Auge, paye les reliefs en 1465. Il est tenu, en 1503, par Guillaume Le Febvre. Le « taeys appelé le bois Fumichon » fut baillé par Louis de Brézé, à Bertrand Ayeul, dont l'arrière-petite-fille, Louise, épousa Robert de Grainville, seigneur de Fiquainville. Il passe ensuite aux de Bailleul de Drumare.

Frébois, vavassorie ayant appartenu à Guy de Frébois, suivit le sort du fief du Busc. (Aveux de 1513 et 1747.)

Quesnay, vavassorie, appartint aux de Bailleul et aux Mahiel.

A Heuqueville, différentes terres dont nous avons donné l'étendue ailleurs (2).

A Octeville, les huitièmes de fief de *Blancheul* ou *Beauchen* et des *Essarts* ; au xvie et xviie siècles, aux d'Ercambourg, seigneurs patrons de Cauville, puis aux seigneurs de Cauquigny ; au xviiie siècle réunis à la baronnie.

A Fontaine-la-Malet, le huitième de fief d'*Ancretteville* ; en 1503 et 1511, à Etienne Le Roux, sieur des Grez ; en 1747, à François d'Hervieu, écuyer, sieur des Ifs.

Heurteleu, vavassorie dite plus tard *Anfriette*, ayant droit de colombier et de basse justice. D'après l'aveu qu'en rendit Mathieu

---

de Saint-Martin, le 23 février 1584, au baron Nicolas Romé, le domaine non fieffé couvrait 54 acres en 8 pièces ; sur la première était assise la *maison neufve* bornée par le carreau d'Anfriette et les hoirs Colette d'Octelonde, une autre bornée par les représentants de Jehan Le Bailly *dict* Lamour , une troisième de 22 acres « souloit estre en plusieurs pièces, maisons et chapelles dessus. »

A Guesneville, le fief d'*Austrebertot* réuni à la baronnie en 1747 ; à Hattenville, le fief au *Leu* ; à Saint-Clair-sur-les-Monts et Bouville le huitième de fief de *Pelletot* ainsi nommé de ses premiers possesseurs ; la cure de Bouville fut d'abord à la présention des lépreux de Saint-Eustache-sur-le-Bec. A Verbosc, Veauville et Yvecrique, le fief des *Bordes*, le *Petit-Bec*. A La Fontenaye, les fiefs du *Bostaquet* (1), de *Saint-Crespin*, la fiefferme de *La Fontelaye* qui furent à Jean de Beautot, et la fiefferme de *Boimégue*.

Les aveux du fonds Romé mentionnent encore, comme relevant de la baronnie, divers manoirs et domaines sis à Etretat (rue du Bec), Montivilliers, Harfleur, Saint-Vigor, Saint-Vincent, Loiselière, Criquetot-l'Esneval, Ecultot, Saint-Jouin, etc.

L'état des fiefs de 1503 y ajoute un huitième de fief à Ecultot et un fief de *Gonfreville*, sis à Bretteville, qu'il faut sans doute identifier avec l'un des précédents.

Mentionnons enfin les deux fiefs de *Faiaulx* et de *Sousquebust* sis à Saint-Martin et Notre-Dame, ce dernier acquis par Guillaume des Bordes en 1391 ; tous deux relevaient du roi, mais furent par la suite incorporés à la baronnie.

Les privilèges attachés à la baronnie étaient en rapport avec l'étendue considérable de son territoire ; dans toute la Normandie, nos premiers ducs avaient exempté les tenants du Bec des droits de coutumes, travaux et péages. Sans cesse méconnus et attaqués, ces privilèges établis « de si lonc temps qu'il n'est mémoire du contraire » furent maintes fois confirmés : le 21 octobre 1361, par Charles, « aisné fils » du roy de France, en faveur de Jean de Chalon, écuyer ;

---

(1) En 1465, la fiefferme de La Fontélaye est moitié à Jean de Beautot, écuyer, moitié à Pierre Dumont. Un descendant de ce dernier, connu sous le nom de Dumont du Bostaquet, émigra à la révocation de 1685 ; il est l'auteur de curieux mémoires publiés par M. Waddington (Paris 1864).

le 20 juin 1491, en faveur de Louis de Brezé ; le 7 septembre 1595, nouvelle maintenue de l'exemption des droits de « fouage, pionnage, tourtellage, louvelage, charois, servages et tous autres charges et nouvelletés dans le duché de Normandie en faveur des habitants des paroisses de Bretteville, Beaurepaire, Escuquetot, Notre-Dame et Saint-Martin-du-Bec. » Un acte semblable du 29 avril 1611 y ajoute les droits de coutumes, acquits, travers, panage, péage, pontage, passage, bouage, chariage et monnéage. Le 7 mai 1611, Louis XIII exemple ces mêmes vassaux du pionnage pour le curage des fossés du Havre, service auquel les présidents et élus de l'élection de Montivilliers avaient voulu les assujettir. Même décharge leur est accordée le 26 novembre 1621 pour la démolition des murailles d'Harfleur. En retour, les vassaux du Bec devaient faire le guet dans les tours du château « en nombre compétent pour la conservation d'icelluy » et en curer les fossés. Le baron lui-même devait « service d'ost et d'hommes à cheval pendant six semaines quand les ennemis sont au pays. » Les conditions nouvelles de la guerre rendirent illusoires ces obligations, mais les privilèges qu'elles avaient justifiés n'en subsistèrent pas moins jusqu'en 1789.

Au premier rang des droits seigneuriaux dont se prévalait le baron, nous citerons celui de haute, moyenne et basse justice, établi, déclare Nicolas Romé dans son aveu de 1..2, de « tout temps immémorial. » L'éloignement des arrière-fiefs nécessitait trois sièges de juridiction, le premier à Saint-Martin, le second à Bretteville, le troisième à Verbosc. Un quatrième siège extraordinaire se tenait à Montivilliers, au lieu dit *Les Potteaux*, où le bailli se rendait le jeudi de chaque semaine (B 188.)

Le droit de haute justice allait jusqu'à la peine de mort et comportait la possession de fourches patibulaires. L'instrument de supplice devait se trouver au lieu dit *Le Potel*, au milieu d'un groupe de hêtres que l'on voyait encore il y a quelques années au haut de la bifurcation des chemins de Gonneville et de Mannevillette; le nom des *Potteaux* semble indiquer, à Montivilliers, un autre instrument de supplice. Mais c'est au château lui-même qu'il faut chercher les vestiges les plus curieux de cette cour féodale ;

il faut voir ce cachot ou basse-fosse, dans laquelle étaient relégués les criminels endurcis. Cette excavation circulaire, à parois concaves, mesure trois ou quatre mètres de diamètre; l'orifice, suffisant pour le passage d'un homme, était recouvert d'une grille et surmonté d'un treuil qui permettait de descendre le prisonnier et de lui faire parvenir sa nourriture.

L'exercice de ce droit entraînait l'existence d'une foule de sergents, tabellions, jaulgeurs, geôliers, sans compter le bailli, son lieutenant, un procureur et un avocat fiscal, nommés par le baron.

Diverses sentences concernent la haute justice du Bec. En 1539 et 1555, le Parlement de Paris rend un arrêt de main-levée de la haute justice du Bec-Crespin, en faveur de Robert de la Marck ; en 1562, un semblable arrêt est signifié au duc d'Aumale. Le 1er octobre 1580, Nicolas Romé obtint permission de faire rétablir les fourches patibulaires « ainsi qu'elles estoient d'ancienneté, » et cette confirmation est lue « à haulte voix et cry public » dans toute l'étendue de la baronnie.

A l'origine, la juridiction du Bec-Crespin comprit deux degrés, le bailli et le vicomte. Par lettres d'avril 1562, Charles IX ordonna au duc d'Aumale de la réduire à un seul degré pour être exercée par un seul juge dont les appellations ressortiraient, pour les cas présidiaux au présidial de Caudebec, et pour les autres cas au Parlement de Rouen. Henri III simplifia encore ce double appel et mit dans le ressort du Parlement de Normandie tous les cas soumis à la haute justice du Bec-Crespin.

La baronnie avait sa mesure de surface agraire un peu plus petite que celle du roi ; l'acre valait 160 perches; la perche 20 pieds et le pied 10 pouces.

Les aveux relatent aussi les droits de tours bâties et à construire sur la rivière, droits d'étangs, de pêche, de chasse (1), de garenne (2),

(1) En 1689, des habitants obligés de porter des armes pour faire la garde se donnaient la liberté de chasser sur les terres du baron et de se faire suivre de chiens, ce que le baron avait souffert tant que la guerre avait duré ; la paix venue, il obtint des grands maîtres enquêteur des Eaux et Forêts de Normandie, un mandement sauvegardant son privilége contre les contrevenants, sous peine de 100 l. d'amende.

(2) La garenne se trouvait près du château. Une partie du bois de la Garenne fut vendue en 1744, et l'on voit Jean Blondel, de Turretot, poursuivre Mathieu Le Croq, d'Ecultot, qui a « induement et malitieusement coupé la baillize d'une enchère de bois taillis. »

de colombier, varech et choses gaives, droits de « deniers, grains, œufs, oiseaux, moutons, espreviers en plumes, harenc blanc et sore et autres espèces avec reliefs, treizièmes, service de prévosté, corvées de diverses sortes, amendes, forfaiture, extinctions de lignes. » Comme exemples de banalités, la baronnie avait celles de moulins à blé, huile, draps et tan, toutes industries que vit fleurir la cité montivillonne. Enfin, les possesseurs de quatre tènements voisins du chef-mois étaient chargés d'apporter au château les approvisionnements des châtelains et les matériaux de réparation « d'estouper les terriers des regnards au boys, de coupper les espines pour clorre les mottes dud. chasteau, » etc.

Comme droits honorifiques, le baron avait ceux de patronage dans les paroisses de Saint-Martin, Notre-Dame-du-Bec, Ecuquetot, Beaurepaire et Bretteville. Il présentait aussi à la chapelle de la léproserie de Saint-Eustache et à la chapelle Saint-François enclavée dans la poterne du château. Les Romé usèrent de leur droit de sépulture dans l'église de Saint-Martin où l'on remarque leurs magnifiques tombeaux devenus, dit-on, de simples cénotaphes par les profanations des montargis de 1793. La léproserie avait encore des mésels en 1568, mais au siècle suivant, elle tombait en ruines et l'archevêque Colbert ordonnait en 1697 de célébrer à Notre-Dame le service de la maladrerie. L'hôpital du Havre en ayant été mis en possession, le baron s'opposa formellement à sa démolition et défendit son droit de patronage ; le Parlement le débouta de ses prétentions.

Sic transit gloria mundi. Que reste-t-il de cette multitude de droits, de privilèges, de ces juridictions compliquées, de cette hiérarchie fé... où chacun avait son rang et où tout se rapportait au noble baron ? La Révolution a renversé cet édifice et ouvert une page nouvelle dans l'histoire de nos villages. Seuls, les vestiges de nos vieux châteaux rappellent au paysan que jadis il exista des « seigneurs », classe supérieure que ses aïeux entouraient d'un respect trop souvent inspiré par la crainte, loin de songer que le lierre, un jour, prenant enfin conscience de sa force, s'élèverait haut et ferme comme le chêne qui semblait le soutenir.

Sotteville-lès-Rouen. — Imp. E. Lecourt.

9 782013 599689